AF507718

|| जय श्रीराम ||

|| जय हनुमान ||

अभिस्वीकृति (Acknowledgement)

यह पुस्तक श्रीराम और हनुमान जी के आशीर्वाद एवं अपार कृपा से, गोस्वामी तुलसीदास जी द्वारा रचित श्रीरामचरितमानस को आधार बनाकर लिखी गई है। इसमें प्रस्तुत सुन्दरकाण्ड का सरल भाषा में लिखा काव्य रूप, गीता प्रेस द्वारा प्रकाशित श्रीरामचरितमानस, टीकाकार श्री हनुमान प्रसाद पोद्दार जी की व्याख्याओं से प्रेरित है।

मैं इस कृति के संपादन एवं मार्गदर्शन के लिए पूज्य श्री गोपाल शर्मा जी (ठाकुर जी), वृंदावन, के प्रति हृदय से कृतज्ञता व्यक्त करती हूँ। उनके स्नेहपूर्ण मार्गदर्शन, आध्यात्मिक प्रेरणा तथा अमूल्य सुझावों के कारण इस काव्य-रचना को सार्थक रूप प्राप्त हो सका है। उनके आशीर्वाद और प्रोत्साहन ने मुझे इस आध्यात्मिक साहित्यिक प्रयास को पूर्ण करने की प्रेरणा और शक्ति प्रदान की है। इसके लिए मैं उनका हार्दिक आभार प्रकट करती हूँ।

पूज्य श्री गोपाल शर्मा जी (ठाकुर जी), वृंदावन, एक आदरणीय आध्यात्मिक मार्गदर्शक एवं धर्म प्रेमी व्यक्तित्व हैं। वे भक्ति, संस्कार और आध्यात्मिक चिंतन के प्रचार-प्रसार में निरंतर संलग्न रहते हैं। उनके मार्गदर्शन से अनेक लोग भक्ति एवं आध्यात्मिक मूल्यों के प्रति प्रेरित होते हैं।

प्रस्तावना (Preface)

सुन्दरकाण्ड, भगवान श्रीराम के जीवन की एक प्रेरणादायक और महत्वपूर्ण घटना को दर्शाता है। यह हनुमान जी की वीरता, निष्ठा और श्रीराम के प्रति उनकी अनन्य भक्ति का प्रतीक है। इसका महत्व केवल धार्मिक नहीं, बल्कि मानसिक और सामाजिक दृष्टि से भी अत्यंत गहरा है। यह हमें यह सिखाता है कि जीवन में चाहे जितने भी संघर्ष या कठिनाइयाँ क्यों न हों, विश्वास, धैर्य और साहस के साथ प्रभु की भक्ति में लीन रहकर हर चुनौती को पार किया जा सकता है। सुन्दरकाण्ड का पाठ, श्रवण और कीर्तन न केवल भक्ति को गहराता है, बल्कि जीवन की समस्याओं से उबरने की शक्ति भी प्रदान करता है। श्रीराम और हनुमान जी का संबंध और उनकी प्रेरणादायक कथाएँ हमारे जीवन को दिशा देने वाली हैं।

इस काव्य के माध्यम से हम उन दिव्य गुणों को आत्मसात कर सकते हैं जो हमें आत्मविश्वासी, साहसी और भक्तिमय बनाते हैं। इसलिए श्रद्धा और समर्पण के साथ इसका पाठ करना न केवल अध्यात्मिक रूप से हमें समृद्ध करता है, बल्कि हमारे भीतर सकारात्मकता और शक्ति का संचार भी करता है।

इस पुस्तक में सुन्दरकाण्ड को सहज और सरल भाषा में प्रस्तुत किया गया है, ताकि श्री तुलसीदास जी द्वारा अवधि भाषा में रचित श्रीरामचरितमानस की मूल भावना, अर्थ और लय को बरकरार रखते हुए हर पाठक उससे जुड़ सके।

|| श्रीगणेशाय नमः ||

|| श्रीजानकीवल्लभो विजयते ||

पांचवां अध्याय (सुन्दरकाण्ड)

श्लोक

शान्तं शाश्वतम प्रमेयमनघं निर्वाणशान्तिप्रदं

ब्रह्माशम्भुफणीन्द्रसेव्यमनिशं वेदान्तवेद्यं विभुम्।

रामाख्यं जगदीश्वरं सुरगुरुं मायामनुष्यं हरिं

वन्देऽहं करुणाकरं रघुवरं भूपालचूड़ामणिम्॥1॥

नान्या स्पृहा रघुपते हृदयेऽस्मदीये

सत्यं वदामि च भवानखिलान्तरात्मा।

भक्तिं प्रयच्छ रघुपुंगव निर्भरां में

कामादिदोषरहितं कुरु मानसं च॥2॥

अतुलितबलधामं हेमशैलाभदेहं

दनुजवनकृशानुं ज्ञानिनामग्रगण्यम्।

सकलगुणनिधानं वानराणामधीशं

रघुपतिप्रियभक्तं वातजातंनमामि॥3॥

जामवंत ने वचन सुनाये।
सुन हनुमंत हृदय अति भाये।।
तब तक राह तको मेरे भाई।
दुःख सहते फल कंद लो खाई।।
जो ना आऊं सिया सुध पाए।
होगा कार्य है हर्ष बताए।।
कह कपि चला टेक के माथा।
चले हनुमंत धर हृदय रघुनाथा।।
समुद्र तट पर्वत इक सुन्दर।
खेल-खेल चढ़ गया कपि ऊपर।।
बार-बार जो जपे रघुवीर।
बड़े वेग उछले बलबीर।।
जिस गिरी पैर धरे हनुमंत।
वह धस जाए पाताल तुरंत।।
जैसे अमोघ बाण, चलें श्रीरामा।
तीव्रता उसी से चलें हनुमाना।।
रघुपति दूत समुद्र विचारा।
मैनाक बने आराम सहारा।।

दोहा 1

कपि ने छुआ पर्वत को, किया उसे प्रणाम।
राम काज करे बिना, मुझे कहाँ विश्राम।।

पवनसुत जाते देवों देखा।
लेनी चाही बल बुद्धि परीक्षा।।
सुरसा जो सर्पों की मात।
आयी बोली कपि से बात।।

आज   देव   मुझे   दिए   हैं   आहार।
सुन   कर   बोले   पवनकुमार।।
करूँ   प्रभु   कार्य,   फिर   मैं   आऊँ।
जब   सिया   सुध   श्रीरामको   सुनाऊँ।।
तेरी   मुख   खुद   ही   जाऊं   आ।
सत्य   कहूं   मुझे   जाने   दे   मां।।
कर   सब   यत्न   जाने   न   दे।
बोले   हनुमंत   मुझे   खा   ही   ले।।
योजन   मुख   लिया   उसने   पसार।
कपि   तन   किया   दुगना   विस्तार।।
सोलह   योजन   मुख   जो   बढ़ाया।
कपि   बत्तीस   कर   माया   दिखाया।।
जैसे-जैसे   मुख   को   सुरसा   बढ़ाये।
कपि   भी   दुगना   रूप   दिखाए।।
उसने   शत   योजन   मुख   किया।
अति   लघु   रूप   पवनसुत   लिया।।
मुख   भीतर   जा,   कपि   बाहर   आये।
मांगे   विदा   फिर,   सिर   को   निवाये।।
देव   जिस   लिए   मुझे   यहाँ   बुलाए।
तेरी   बल   बुद्धिका   भेद   लिया   पाए।।

दोहा 2

राम काज तुम्ही करो, तुम बल बुद्धि निधान।
आशीष दे गयी तो, हर्षी चलें हनुमान।।

एक   राक्षसी   सिंधु   की   माई।
माया   कर   पक्षियों   को   खाई।।

जीव जंतु आकाश उड़ जाई।
जल उतरती उनकी परछाईं।।
छाया पकड़े उड़ नहीं पाए।
इस विधि सदा गगनचर खाए।।
यही छल राक्षसी कपि संग किया।
समझ कपट, कपि तुरतहि लिया।।
मार मारुति उसे बुद्धि निधान।
चले सिंधु पार तब हनुमान।।
वहां जाये देखी वन शोभा।
गूंजे जहाँ भँवरे पुष्प लोभा।।
नाना प्रकार फल-फूल सुहाने।
पशु पक्षी सब अति मन भाने।।
बड़ा इक पर्वत देखा आगे।
भय त्याग उसपर, चढ़ने भागे।।
कपिकी उमा नहीं इसमें बढ़ाई।
प्रभु प्रताप काल भी खाई।।
चढ़ा पहाड़ तो देखी लंका।
इतना बड़ा किला, नहीं कोई शंका।।
जल के मध्य ऊंचा, किला बनाया।
स्वर्ण दीवारें प्रकाश है छाया।।

छंद:

सोने की चार दीवारों में सुन्दर-सुन्दर सब घर बने।
चौराहे बाज़ार गलियां मार्ग सब भिन्न प्रकार से हैं सजे।।
हाथी घोड़ों पे खच्चरों पे अनगिनत समूह चलें।
बहुरूप निशचर, पुष्ट सेना कथन ये कैसे करें।।

वन बाग़ उपवन वाटिका तालाब कुएँ सब हैं शोभित।
मनुष्य नाग गंधर्व देव कन्याएं कर रही हैं मोहित।।
पर्वत समान देह बलवान राक्षस कहीं गरज रहे।
भिड़ रहे अखाड़ों में, ललकार रहे और लड़ रहे।।
भयंकर योद्धा कर यतन रक्षा सब दिश में करें।
कहीं दुष्ट बकरी भैंस मानव गधों का भक्षण करें।।
इनकी कथा कुछ थोड़ी सी (तुलसी) यहाँ पर है कही।
श्रीराम के बाणों से तीरथ जाएं पाकर के गति।।

दोहा 3

किले रखवाले देख कपि, मन में किया विचार।
रात अति लघु रूप धर, करूँ पार ये द्वार।।

मच्छर	रूप	कपि	किया	धारण।
चले	लंका	कर	राम	उच्चारण।।
लंकिनी	निशचरी		द्वारे	खड़ी।
चले	कहाँ	कर	निंदा	मेरी।।
मेरा	भेद	तुमने	कहाँ	जाना।
बनते	चोर	मेरा	ही	खाना।।
तभी	महाकपि		मुक्का	मारा।
भूमि	गिरी	खून	फैला	सारा।।
उठी	संभल	तब	देखे	लंका।
जोड़े	कर	प्रणाम	बिन	शंका।।
ब्रह्मा	वर	रावण	जब	दिया।
जाते	मुझे	संकेत	है	किया।।
व्याकुल	होगी		वानर	मारे।
तब	मानो	निशचर		संहारे।।

बड़े पुण्य मेरे काम जो आये।
श्रीराम द्रूत के दर्शन पाए।।

दोहा 4

स्वर्ग मोक्ष और जगत के, सभी सुख हों एक संग।
तो भी सुख न वो मिले, जो मिले कर सत्संग।।

जा नगर कीजिये सब काम।
हृदय में धर श्रीराम का नाम।।
विष-अमृत रिपु मित्र बन जाए।
प्रभु नाम अग्नि शीतल कराये।।
गरुड़ सुमेर हो मिट्टी समान।
श्रीराम कृपादृष्टि इतनी महान।।
अति लघु रूप धर कर हनुमाना।
प्रवेश किया सुमिर कृपानिधाना।।
मंदिर-मंदिर खोजा उन्होंने।
अगणित योद्धा खड़े हर कोनें।।
जब ही दशानन मंदिर आये।
विचित्र वर्णन हो ना पाए।।
शयन करते रावण दर्शाया।
माँ सीता वहां देख ना पाया।।
देखा फिर महल इक सुन्दर।
हरि मंदिर भी उसके अंदर।।

दोहा 5

"रामायुध" अंकित दिखे, शोभा कही ना जाए।
नव तुलसी को देख कपि, मन ही मन हर्षये।।

राक्षस समूह रहते लंका पर।
यहाँ कैसे है सज्जन का घर।।
करन तरक मन में कपि लागा।
समय उसी पे विभीषण जागा।।
उठते नाम लिया श्रीराम।
कपि माने ये सज्जन काम।।
इनसे करूँ मन की अब बाता।
साधु न बने कभी काम में बाधा।।
विप्र रूप ले पुकार लगाए।
सुनत विभीषण तुरतहि आए।।
करके प्रणाम पूछें वो उनसे।
विप्र कहो तुम कथा अब हमसे।।
क्या स्वयं आप हरी के दास।
हृदय प्रीत दे रही विश्वास।।
क्या आप श्रीराम हैं अनुरागी।
करने आये मुझे यहाँ बड़भागी।।

दोहा 6

राम कथा तब सब कही, नाम बता हनुमान।
मन पुलकित हुए दोऊ के, सुमिर राम गुण गान।।

सुनो पवनसुत रहनी हमारी।
जैसे दांतों में जीभ बेचारी।।
तात मुझे क्या जान अनाथ।
करेंगे कृपा मुझपर रघुनाथ।।
तामस शरीर साधन कुछ नाहीं।
नहीं प्रेम प्रभु का मन माहीं।।

हुआ भरोसा मुझे हनुमंत।
बिन हरी कृपा मिले नहीं संत।।
मुझ पर कृपा करी रघुबीर।
हुए मुझे दर्शन कपिवीर।।
सुनो विभीषण प्रभु की रीत।
सदा सेवक पर रखते प्रीत।।
मैं कहाँ जन्मा बड़े कुल बीच।
चंचल कपि सब विधि हूँ नीच।।
नाम ले जो हमारा प्रातः।
भोजन दिन भर मिले ना भ्राता।।

दोहा 7

जाती वानर नीच मैं, करी कृपा रघुबीर।
दया राम की सुमिर तब, भरे नैन कपि नीर।।

स्वामी ऐसा जो जान बिसराए।
जीव कैसे वो दुःख ना पाए।।
श्रीराम गुणों का करके सुमिरन।
पागए शान्ति दोनों के मन।।
कथा विभीषण सब ही सुनाई।
जानकी कैसे यहाँ रह पायी।।
तब हनुमान कहे सुनो भ्राता।
देखना चाहूँ जानकी माता।।
युक्ति विभीषण तबही बताई।
हनुमान दिए विदा कराई।।
मसक रूप फिरसे धर लिया।
अशोकवन चले जहाँ है सिया।।

देखा   तो   मन   किया   प्रणाम।
दुखी   बिताये   सिया   आठों   याम।।
दुर्बल   देह   जटा   अति   बाढ़ी।
जपत   रहत   रघुपति   भयहारी।।

दोहा 8

चरणों की ओर नेत्र कर, श्री राम विचार में लीन।
परम दुखी हुए पवनसुत, देख जानकी दीन।।

सोच   रहे   छुपे   वृक्ष   के   ऊपर।
कैसे   लूँ   मैं   इनका   दुःख   हर।।
समूह   राक्षसी   का   संग   लाया।
सजधज   कर   रावण   तहँ   आया।।
उसने   सिया   को   तब   समझाया।
साम   दाम   भय   भेद   दिखाया।।
कहा   सिया   तुम   सुमुखी   सयानी।
मंदोदरी   बाकी   सब   रानी।।
प्रण   मेरा   सब   दासी   बनाऊं।
दृष्टि   एक   तेरी   जो   पाऊं।।
तिनका   उखाड़   कर   पर्दा   किया।
श्रीराम   सुमिर   फिर   बोली   सिया।।
दशमुख   किसी   जुगनू   का   प्रकाश।
खिलाये   ना   कमल   तू   कर   विश्वास।।
समझ   तू   ऐसा   बोली   जानकी।
ना   सुध   तुझे   रघुबीर   बाण   की।।
धोखे   से   हर   लाया   मुझको।
निर्लज्ज   अधर्मी   लाज   नहीं   तुझको।।

दोहा 9

अपनी तुलना जुगनू सम, राम की सूर्य विशाल।
क्रोध से आगे बढ़ा, ली तलवार निकाल।।

सिया अपमान किया है मेरा।
काट्रूं सर तलवार से तेरा।।
मान ले अब तू मेरी बात।
नहींतो सुमुखी धो प्राण से हाथ।।
कमल समान भुजा है सुंदर।
सूंड समान बल उसके अंदर।।
वही भुजा मैं गले सजाऊँ।
या तलवार से कंठ कटाऊं।।
हे चन्द्रहास दुःख अब तू हरले।
विरह अग्नि शांत तू करले।।
धारा शीतल तीव्र बहा दे।
दुखों का मेरे बोझ मिटा दे।।
यह वचन जो सुने दसकंधर।
मारने दौड़ा कर शब्द भयंकर।।
मय कन्या जो नीति समझाई।
रावण ने तब आज्ञा सुनाई।।
दासियो सियाके पास में जाओ।
बहुविधि मिलकर उसे डराओ।।
एक माह जो कहा नहीं माना।
काट्रूं सर मैं इसी कृपाना।।

दोहा 10

छोड़ पिशाचनियों को, भवन गया दसकंध।
रूप भयंकर है किये, डरावें तब अतिमंद।।

राक्षसी   त्रिजटा   नाम   की   एक।
राम   भक्त   और   निपुण   विवेक।।
सबको   बोल   सुनाया   सपना।
सिया   सेवा   से   हित   हो   अपना।।
सपने   वानर   लंका   जला   दी।
राक्षसों   की   सेना   भगा   दी।।
नग्र   गधे   बैठा   दस   सीसा।
मुंडा   सिर   भुजाएं   कटी   बीसा।।
इस   विधि   से   जा   रहा   है   दक्षिण।
राज   लंका   में   करे   है   विभीषण।।
सपने   की   बात   हो   पूर्ण   मेरी।
दिन   दो   चार   की   लगेगी   देरी।।
डरी   राक्षसी   वचन   सब   सुनकर।
मांगी   क्षमा   चरण   में   सिर   धर।।

दोहा 11

राक्षसियाँ वहां से गयी, होकर सब भयभीत।
सिया सोचे मारेंगे मुझे, जब एक मास जाए बीत।।

बोली   सिया   हाथ   जोड़   तब।
संगिनी   मात   विपत्ति   की   तू   अब।।
जल्दी   कर   कोई   ऐसा   उपाय।
छूटे   तन   अब   सहा   न   जाए।।

लकड़ी   लगा   कर   चिता   बनादे।
फिर   उसको   तू   आग   लगा   दे।।
सच   करदे   मेरी   प्रीत   सयानी।
सुनना   न   चाहूँ   रावण   वाणी।।
त्रिजटा   ने   सिया   को   समझाया।
चरण   पकड़   प्रभु   यश   को   बताया।।
रात्रि   आग   ना   मिले   सुकुमारी।
कहकर   अपने   घर   को   सिधारी।।
सोचे   सिया   विधि   है   प्रतिकूल।
ना   मिले   पावक   ना   मिटे   शूल।।
बहुत   हैं   ऊपर   अगणित   अंगारा।
पृथ्वी   ना   आवे   एक   भी   तारा।।
चन्द्र   भी   है   अग्निमय   होता।
जान   अभागी   साथ   ना   देता।।
सुनो   बात   ऐ   वृक्ष   अशोक।
नाम   रखा   है   तो,   हरो   मेरा   शोक।।
कोमल   पत्ते   तेरे   अग्रि   समान।
दे   अग्रि   अब   बात   मेरी   मान।।
देख   सिया   मन   में   है   हारी।
हरपल   लगे   हनुमान   को   भारी।।

दोहा 12

मुद्रिका दी गिरा कपि ने, कर मन में विचार।
सिया ने उठाई समझ के, दिया अशोक अंगार।।

जानकी   देखि   मुद्रिका   सुन्दर।
राम   नाम   है   अंकित   उसपर।।

चकित हसिया मुंदरी पहचानी।
हर्षित हृदय नयनों में पानी।।
करे विचार अजय रघुराई।
माया से यह नहीं गढ़ी जाई।।
मन में जो आये विचार अनंत।
मधुर वचन बोले, तब हनुमंत।।
राम चंद्र गुण वर्णन लागे।
सुन सीताके सब दुःख भागे।।
लगी सुनन पूरन मन लायी।
हनुमान तब कथा सुनाई।।
अमृत जैसी कथा है गाई।
प्रगट क्यों ना होते, तुम भाई।।
हनुमान गए निकट जो थोड़ा।
आश्चर्य चकित सिया मुख मोड़ा।।
राम दूत मैं मात जानकी।
सत्य कहूं शपथ, करुणानिधान की।।
ये मुद्रिका मैं आप ही लाया।
श्री रघुवर ने मुझे पठाया।।
नर वानर संग हुआ कैसे।
कही कथा हुई लीला जैसे।।

दोहा 13

कपि के वचन सप्रेम सुन, उपजा मन विश्वास।
माना मन क्रम वचन से, कृपासिंधु का दास।।

जान हरीसेवक मन हर्षित।
नयन अश्रु तन भयो पुलकित।।

डूब रही बीच विरह सागर।
तुम जहाज समान यहाँ पर।।
बलिहारी मैं जाऊं तुम्हारी।
कहो कुशल, अनुज संग धनुधारी।।
कोमल चित कृपालु रघुराई।
फिर क्यों निष्ठुरता है दिखाई।।
सदा स्वभाव सेवक सुख दिया।
क्या कभी मुझे याद है किया।।
उनके दर्शन क्या कभी होंगे।
नैन मेरे कब शीतल होंगे।।
कंठ भर आया अश्रु भरे नैना।
प्रभुने तो मुझे भुला दिया हैना।।
देखी जो बिरहाकुल सीता।
मधुर वचन कपि बोले बिनीता।।
प्रभु कुशल हैं अनुज समेत।
पर मन से दुखी कृपा निकेत।।
मन न करो हे मात यूँ सूना।
प्रभु को प्रेम है आपसे दूना।।

दोहा 14

प्रभु सन्देश सुन सिया, धरा मन में धीर।
हनुमान प्रसन्न हुए, भरा नयन में नीर।।

कहे श्रीराम वियोग में सीता।
हर पदार्थ लागे विपरीता।।
अग्नि समान लगे वृक्ष के पात।
कालरात्रि चंद्र सूर्य जैसे तात।।

कमल   लगते   हैं   भालों   जैसे।
बरसें   मेघ   गरम   तेल   हो   जैसे।।
पीड़ा   बड़ी   देते   हितकारी।
वायु   अजगर   विष   सम   भारी।।
कहूं   तो   थोड़ा   दुःख   घट   जाए।
पर   कहूं   किसे   कोई   समझ   न   पाए।।
मेरा   तेरा   प्रेम   है   गहरा।
एक   तू   जाने   या   मन   मेरा।।
यह   मन   सदा   रहे   तेरे   पास।
प्रेम   मेरे   पे   कर   विश्वास।।
सुन   सन्देश   मग्र   वैदेही।
सुध   तन   की   तब   रही   ना   तेही।।
कहे   कपि   हृदय   धीर   धर   माता।
सुमिरो   राम   नाम   सुखदाता।।
प्रभुता   रघुवर   की   मन   में   बसाओ।
नाम   से   कायरता   भगाओ।।

दोहा 15

निशचर सब पतंगे हैं, प्रभु बाण है अग्नि समान।
माता हृदय धैर्य धर, मरें अब राक्षस जान।।

जो   रघुबीर   पता   चल   जाता।
करते   नहीं   विलम्ब   रघुनाथा।।
राम   बाण   है   सूर्य   समान।
मिटे   अन्धकार   उसीसे   जान।।
माता   मैं   तुम्हें   अभी   लेजाऊँ।
पर   प्रभु   से   आज्ञा   नहीं   पाऊं।।

कुछ दिवस जननी धरो धीर।
वानर संग आए रघुबीर।।
निशचर मार तुम्हें ले जायें।
नारद आदि देव यश गायें।।
पुत्र वानर क्या तुम्हरे समान।
राक्षस यहाँ सब हैं बलवान।।
हृदय मेरे में है संदेह।
प्रगट करी कपि सुनकर देह।।
स्वर्ण पहाड़ आकार शरीर।
देख डरेंगे राक्षस बलबीर।।
सीता मन विश्वास जगाया।
हनुमान लघु रूप बनाया।।

दोहा 16

सुन माता कपि में नहीं, कोई बल बुद्धि महान।
प्रभु प्रताप से सर्प भी, खाये गरुड़ बलवान।।

भक्तिप्रताप तेज बल ज्ञानी।
हुआ धैर्य सुन हनुमंत बानी।।
रामप्रिय सिया ने कपि जाना।
दी आशीष बलशील निधाना।।
अजर अमर गुण निधि हो जाओ।
कृपा सदा रघुनायक पाओ।।
रामकृपा मिली सुन हनुमंता।
प्रेम मग्न तब हुए अनन्ता।।
चरणों में सिर को नवाकर।
बोले दोनों कर जो मिलाकर।।

हुआ	कृतार्थ	आज	मैं	माता।
अमोघ	तेरी	आशीष		विख्याता।।
फलों	के	हैं	वृक्षों	पे	जाल।
मात	भूख	मोहे	लगी	विशाल।।
पुत्र	यहाँ	जो	करें	रखवारी।
वो	राक्षस	सभी	अति	भारी।।
माता	यदि	तेरी	आज्ञा	पाऊं।
मन	में	किसी	का	भय	नहीं	लाऊँ।।

दोहा 17

देखा बल बुद्धि निपुण, कहा जानकी जाओ।
हृदय में राम चरण धरि, तात मधुर फल खाओ।।

शीश	नवा	वाटिका	में	आए।
फल	खाये	और	पेड़	गिराए।।
आये	वहां	पर	सब	रखवारे।
कुछ	मारे	कुछ	जाए	पुकारें।।
नाथ	आया	कपि	एक	भारी।
अशोक	वाटिका	उसने	उजाड़ी।।
खाये	फल	और	वृक्ष	उखाड़े।
रक्षक	मसल	भूमि	पर	डारे।।
भेजे	रावण	वीर	बलवान।
उन्हें	देख	गरजे	हनुमान।।
सब	रजनीचर	कपि	संहारे।
भागे	जो	वहां	बचे	बेचारे।।
भेजा	रावण	अक्षय	कुमार।
लाया	सेना	साथ	अपार।।

देख   उसे   कपि   वृक्ष   उखाड़ा।
गर्जना   कर   उसको   ललकारा।।

दोहा 18

कुछ मारे कुछ मसले, कुछ को मिलाया धूल।
वानर है बलवान प्रभु, युद्ध कर हो गयी भूल।।

पुत्रवध   सुन   लंकेश   रिसाया।
मेघनाद   लड़ने   भिजवाया।।
मारो   नहीं   लाओ   यहाँ   पर।
देखूं   कहाँ   से   आया   वानर।।
चला   इंद्रजीत   अतुलित   योद्धा।
भाई   निधन   सुन   उपजा   क्रोधा।।
देख   भयंकर   योद्धा   आया।
कपि   ने   तब   किलकार   लगाया।।
अति   विशाल   इक   वृक्ष   उखाड़ा।
रथहीन   किया   लंकेशकुमारा।।
आये   संग   महाबली   जो   सब।
शरीर   से   अपने,   मसल   दिए   तब।।
गए   मेघनाद   पास   ऐसे।
लड़े   फिर   गजराज   दो   जैसे।।
मुक्का   मार   कर   पेड़   चढ़ा।
तब   मेघनाद   मूर्च्छित   पड़ा।।
उठकर   रची   जो   उसने   माया।
पवनपुत्र   से   जीत   ना   पाया।।

दोहा 19

ब्रह्मास्त्र आया सामने, कपि ने किया विचार।
जो ब्रह्मास्त्र न मानूँ, महिमा मिटे अपार।।

भूमि	गिरे	जो	ब्रह्मास्त्र	मारा।
गिरते	हुए	सेना	संहारा।।
जो	कपि	को	है	मूर्छित	पाया।
बाँधके	नागपाश	ले	आया।।
जिनका	नाम	जप	सुनो	भवानी।
करते	पार	भवसागर	ज्ञानी।।
पकड़ा	द्रूत	कहाँ	तब	जाए।
कार्य	हित	खुद	को	बंधवाए।।
कपि	बंधन	सुन	राक्षस	आये।
कौतुक	देखन	सभा	समाये।।
दृष्टि	कपि	सब	ओर	घुमाया।
सभा	में	वैभव	सब	है	पाया।।
हाथ	जोड़	सब	देव	खड़े	थे।
देख	के	रावण	सब	जो	डरे	थे।।
निशचर	बीच	निडर	कपि	ऐसा।
सर्पों	बीच	गरुड़	खड़ा	जैसा।।

दोहा 20

देख कपि को रावण, बिहसे हँसी उड़ाए।
सुमिरन कर पुत्र वध, हिय अति दुःख समाए।।

है	तू	कौन	मुझसे	न	डरा।
उधम	मचाये	बल	किसके	खड़ा।।

क्या कभी मेरा यश न सुना।
दिखे निडर, सीना है तना।।
क्यों तूने, सब राक्षस मारे।
तुझे नहीं क्या प्राण हैं प्यारे।।
सुन रावण, जो ब्रह्माण्ड बनाया।
जिनसे बल पा रचे सब माया।।
त्रिदेव जिन से पाकर के बल।
इस सृष्टि को चलाएं हर पल।।
पर्वत जल वन जिसने बनाये।
शेष से जो पृथ्वी उठवायें।।
देवों के लिए देह जो धरें।
शिक्षण तेरे जैसों का करें।।
धनुष तोड़ किया यज्ञ पूरा।
राक्षस घमंड को कर दिया चूरा।।
खर द्रूषण त्रिशिरा और बाली।
मारे जो अतुलित बलशाली।।

दोहा 21

जिनका लेशमात्र बल, जीते सकल संसार।
दूत मैं उन प्रभु का, हरी तुम जिनकी नार।।

मैं तुम्हरी जानूँ प्रभुताई।
सहसबाहु से की थी लड़ाई।।
बाली से युद्ध कर यश पाया।
हँस कर रावण मुंह को घुमाया।।
भूख लगी तब ही फल खाये।
वानर स्वभाव से वृक्ष गिराये।।

अपना तन परम प्रिय लागे।
निशचर मोहे मारने भागे।।
जिसने मारा वो मैंने मारे।
उस पर बाँधा सुत ने तुम्हारे।।
मुझे बंधे नहीं कोई लाज।
मैं बस करूँ प्रभु का काज।।
बिनती करूँ मैं हाथ को जोड़।
सीख सुनो अभिमान को छोड़।।
करो विचार पवित्र कुल अपना।
भजो प्रभु को छोड़ ये सपना।।
जो सब राक्षस देव, खा पाता।
काल को उनसे भय है आता।।
उनसे वैर कभी ना कीजो।
मेरी सुनो जानकी दीजो।।

दोहा 22

प्रणतपाल रघुनायक , रक्षा दया भण्डार।
भुला अपराध शरण लें, करके कृपा अपार।।

राम चरण अपने मन धरना।
सदा राज लंका पर करना।।
यश पुलस्ति है चंद्र समाना।
तुम कलंक न उसपे लगाना।।
राम से वाणी शोभा पाए।
करो विचार न रहो बिसराए।।
भूषण स्त्री चारु बनाए।
बिन गहना आभा ना पाए।।

राम विमुख संपत्ति जो आए।
सदा न रहे चली ही जाए।।
जिस नदी नहीं जल का स्त्रोता।
बिन वर्षा सूखा ही होता।।
सुन दसकंधर कहूं समझाए।
राम विमुख रक्षक नहीं पाए।।
विष्णु ब्रह्म शिव, लियो बुलाये।
राम द्रोही पर बच ना पाये।।

दोहा 23

मोह मूल रखने वाले, त्याग दे सब अभिमान।
भजो राम रघुनायक, कृपा सिंधु भगवान।।

कपि ने कही अति सुन्दर वाणी।
भक्ति ज्ञान और नीति बखानी।।
हँसी उड़ाए महा नादान।
बोला मिला है आज विद्वान।।
तेरी मृत्यु निकट है आए।
ज्ञान मुझे जो देता जाए।।
बोला कपि उल्टा हो जाना।
मैं बुद्धि का फेर पहचाना।।
रावण सुन कपि वचन क्रोधाया।
प्राण हरो सेना को बताया।।
राक्षस सभी मारने धाए।
मंत्री सहित विभीषण आए।।
शीश नवाये फिर विनय सुनाई।
दूत न मारो ये नीति भाई।।

राय   सभी   की   ऐसा   कीजो।
और   कछु   दंड   गोसाई   दीजो।।
सुन   हँसकर   बोला   दसकंधर।
अंग   भंग   कर   भेजो   बंदर।।

दोहा 24

ममता कपि की पूँछ पर, सबको कहा समझाए।
बांध कपड़ा तेल संग, अग्नि दो लगाए।।

वानर   पूँछ   हीन   जाएगा।
स्वामी   अपना   संग   लाएगा।।
जिसकी   इसने   करी   बढ़ाई।
उसकी   मैं   देखूं   प्रभुताई।।
सुनते   ही   हनुमत   मुस्काए।
माँ   शारदा   अब   हुई   सहाए।।
सुनकर   राक्षस   रावण   वचना।
करने   लगे   तेल   की   रचना।।
नगर   बचा   ना   कपड़ा   तेल।
बाड़ी   पूँछ   किया   कपि   खेल।।
सभी   देखने   कौतुक   आये।
मारें   ठोकर   हँसी   उड़ाये।।
मारें   ताली   ढोल   बजाएं।
नगर   घुमा   कर   पूँछ   जलाएं।।
देखी   जैसे   आग   हनुमंत।
लिया   छोटा   तब   रूप   तुरंत।।
बंधन   तोड़   चट्टान   चढ़े।
देख   सभी   राक्षस   हैं   डरे।।

दोहा 25

तभी हरी प्रेरणा से, पवन चली उनचास।
अट्टहास कर गरजा कपि, बड़ाई देह आकाश।।

कपि	ने	देह	ली	बहुत	बड़ा।
महल	महल	पर	जाये		चढ़ा।।
नगर	जल	रहा	राक्षस		भागें।
दिशा	चहुँ	में	आग	है	लागे।।
हर	जगह	यही	दे		सुनाई।
मात-पिता		हमें	कौन		बचाई।।
हम	कहे	ये	कपि	नहीं	होई।
वानर	रूप	धरे	देव		कोई।।
अनादर	साधु	फल	ह		ऐसा।
जला	नगर	अनाथ	के		जैसा।।
नगर	जलाया	इक	पलमें		ही।
एक	विभीषण	का	घर		नहीं।।
द्रूत	उनका	जो	अग्नि		बनाए।
तभी	उमा	यह	जल	न	पाये।।
उलट	पलट	कर	लंका		जलाई।
फिर	सागर	में	छलांग		लगाई।।

दोहा 26

थकान मिटा फिर पूँछ बुझा , धर लिया लघु रूप।
जानकी पास खड़े हुए, फिर हनुमत सुर भूप।।

| दीजो | मात | अब | चिन्ह | कुछ | ऐसा। |
| रघुनायक | ने | दिया | है | | जैसा।। |

चूड़ा मणि उतार तब दीनी।
हर्षित हो कपि ने लेलीनी।।
कहना प्रभु को मेरा प्रणाम।
पूर्ण जो करते हैं सब काम।।
दीन दयाल संकट सब हर लो।
दुखहारी मुझे याद तो कर लो।।
सुतइंद्र जयंत की कथा सुनाना।
स्मरण बाण प्रताप कराना।।
एक मास यदि नाथ न आएं।
जीवित मुझे यहाँ न पाएं।।
कैसे प्राण रखूं हनुमाना।
तुम भी कहो, तुमको है जाना।।
देख तुम्हे शीतल हुई छाती।
फिर मेरे, वही दिन वही राती।।

दोहा 27

समझाकर तब जानकी, कपि ने धीरज दीन।
शीश नवा चरणों में, श्रीराम ओर रुख कीन।।

चलते करी गर्जना भारी।
गिरे गर्भ तब निशचर नारी।।
लांघ समुद्र पार वो आये।
सब वानरों को कथा सुनाये।।
जनम दूसरा सब ने माना।
हर्षित हो देखे हनुमाना।।
तेजवान तन मुख मुसकाये।
राम काज कर कपि सब आये।।

मिले हनुमंत सब हुए सुखारी।
तड़पे मीन पाएं जल भारी।।
चले हर्षित रघुवीर के पास।
सुनते रचा जो, नया इतिहास।।
तब मधुबन भीतर सब आये।
अंगद सहमति मधु फल खाये।।
क्रोधित हो रखवारे आये।
वानर घूंसे मार भगाये।।

दोहा 28

रखवारे आ बोले, युवराज उजाड़ा वन।
कर आये कपि काज, हुए सुग्रीव प्रसन्न।।

सिया सुध जो ना होती पाई।
फल मधुबन के कैसे खाई।।
मन में यही सुग्रीव विचारे।
वानर सभी तब वहाँ पधारे।।
सबने चरणों शीश नवाया।
हाल पूछ सप्रेम बिठाया।।
कुशल हैं अब चरण जो देखे।
राम कृपा हुए काम अनोखे।।
किया विशेष हनुमंत ने काज।
रखी हमारे समाज की लाज।।
सुन सुग्रीव मिले हनुमंत।
चले रघुपति समीप तुरंत।।
राम कपि जब आते पाया।
तब मुख मन तन अति हर्षाया।।

शिला स्फटिक बैठे दो भाई।
वानर सब वहां शीश नवाई।।

दोहा 29

मिले प्रेम सहित सब, पूछी कुशल भगवान।
चरण कमल के दर्श से अब सुखी हैं कृपा निधान।।

जामवंत कहे सुन रघुराया।
जो जन दया तुम्हारी पाया।।
उसका हो कल्याण निरंतर।
सुर-मुनि सदा प्रसन्न हों उसपर।।
वही विजयी विनयी गुण-सागर।
यश से उसके त्रिलोक उजागर।।
पूर्ण कृपा से प्रभु हुए काज।
जनम सफल हुआ है आज।।
काम पवनसुत कर के आये।
लाखों मुख वर्णन न पाये।।
पवन तनय के चरित्र सुहाये।
जामवंत रघुपति को सुनाये।।
सुन कृपानिधि मन अति भाये।
फिर से कपि को हृदय लगाए।।
कैसी है कहो तात जानकी।
रक्षा कैसे करे है प्राण की।।

दोहा 30

प्रभु ध्यान बना द्वार है, पहरा नाम दिन रात।
चरणों नेत्र बँधे हैं, फिर कहो प्राण कैसे जात।।

चूड़ा   मणि   चलते   पकड़ाई।
रघुपति   हृदय   सप्रेम   लगाई।।
जल   भर   नेत्रों   में   अति   भारी।
कहे   वचन   कछु   जनककुमारी।।
प्रभु   के   चरण   कमल   को   पकड़ना।
दीनबंधु   सब   दुखों   को   हरना।।
मन   क्रम   वचन   चरण   अनुरागा।
किस   अपराध   नाथ   है   त्यागा।।
अवगुण   मैंने   एक   है   माना।
हुआ   वियोग   तजे   ना   प्राणा।।
नैनों   का   है   नाथ   अपराधा।
हठ   में   अब   जो   बने   हैं   बाधा।।
अग्नि   बिरह   तन   रूई   समाना।
श्वास   पवन   क्षण   सके   जलाना।।
नैन   दर्शन   को   नीर   बहाये।
विरह   देह   कैसे   है   जलाये।।
माँ   सीता   विपत्ति   बहुत   विशाल।
बिन   सुने   भला   दीनदयाल।।

दोहा 31

हर पल हे करुणानिधि, बीते युगों समान।
असुर जीत भुज बल से, चलें सिया को लान।।

दुःख   जो   पवनसुत   ने   है   सुनाया।
श्री   सुखधाम   नयन   जल   छाया।।
ट्रूँ   में   सहारा   मन   से   जिसको।
सपने   भी   ना   विपत्ति   उसको।।

कहे   हनुमान   विपत्ति   हो   तब।
भजन   और   सुमिरन   नहीं   हो   जब।।
राक्षस   कोई   कहाँ   कठिनाई।
लाएं   मारकर   वापिस   माई।।
सुन   तेरे   समान   उपकारी।
नहीं   है   सुर-नर,   मुनि   तनधारी।।
प्रति   उपकार   करूँ   क्या   तेरा।
सनमुख   हो   न   सके   मन   मेरा।।
समझा   हूँ   सब   सोच   विचार।
न   पाऊँगा   ऋण   ये   उतार।।
पुलकित   तन   नैन   जल   आयें।
श्री   राम   हनुमंत   को   देखे   जायें।।

दोहा 32

वचन सुनकर प्रभु के, देख हरष मुख गात।
चरणों में हनुमत गिरे, करो रक्षा हे तात।।

बार-बार   चरणों   से   उठायें।
प्रेम   बंधे   कपि   उठ   न   पायें।।
हाथ   प्रभु   के   हैं   कपि   शीशा।
सुमिर   मगन   हो   गए   गौरीशा।।
सावधान   कर   मन   को   शंकर।
कहने   लगे   कथा   अति   सुन्दर।।
कपि   को   उठा   प्रभु   हृदय   लगाया।
हाथ   पकड़कर   निकट   बिठाया।।
रावण   लंका   रक्षित   माया।
कैसे   बांका   किलाँ   जलाया।।

प्रभु　प्रसन्न　जान　हनुमाना।
बोले　सुवचन　बिना　अभिमाना।।
मुझको　यही　पुरुषार्थ　है　आता।
शाखा　से　शाखा　चढ़　जाता।।
पहुँचा　लंका　सागर　पार।
वन　उजाड़े　सब　राक्षस　मार।।
तुम्हरा　है　प्रताप　रघुराई।
न　मेरी　कोई　इसमें　बढ़ाई।।

दोहा 33

कठिन कुछ न होये, हो प्रभु का जो भाव।
असंभव भी संभव हो, है राम नाम प्रभाव।।

भक्ति　राम　की　अति　सुख　दायक।
कृपा　मोहि　दीजै　रघुनायक।।
प्रभु　ने　सुनी　सरल　जो　वाणी।
एवमस्तु　तब　कहा　भवानी।।
उमा　राम　स्वभाव　जो　जाना।
भजन　सिवा　कुछ　भाव　न　आना।।
जिस　हृदय　संवाद　ये　आए।
भक्ति　वो　रघुनाथ　की　पाए।।
सब　वानर　कह　हर्षित　गाता।
जय　जय　जय　कृपाल　सुख　दाता।।
रघुपति　ने　कपिराज　बुलाये।
चलने　की　तैयारी　कराये।।
अब　विलम्ब　किस　कारण　कीजे।
तुरत　चलने　की　आज्ञा　दीजे।।

लीला देख पुष्प बरसाए।
लौटे भवन देव हर्षाए।।

दोहा 34

वानर भालू समूह, कपिपति तुरत बुलाये।
विविध रंग के योद्धा, अतुलित बल लिए आये।।

प्रभु चरणों में शीश नवाये।
वानर भालू रीछ गरजाये।।
देखी राम विशाल जो सेना।
कृपादृष्टि की राजीव नैना।।
राम कृपा सेना जो पाये।
बल पर्वत समान समाये।।
किया प्रस्थान सेना शस्त्र धारे।
शुभ शगुन तब हुए हैं सारे।।
मंगलमयी सब कीर्ति जिनकी।
नीति सुन्दर शगुन है तिनकी।।
सेना चली मन जान उमंग।
फड़के वैदेही वाम अंग।।
शगुन जानकी देखे जब-जब।
अशगुन देखे रावण तब-तब।।
वर्णन ये कैसे हो सारा।
गर्जहि वानर भालू अपारा।।
पेड़ों बीच पर्वतों पार।
मगन चले नख लिए हथियार।।
गरजी सेना सिंह समान।
चिंघाडें हाथी भी महान।।

छंद:

गरजे हाथी डोले पृथ्वी गिरि सागर कंपन लगे।
देव मुनि गन्धर्व किन्नर नाग समझे दुःख भगे।।
कोटि वानर और कोटि योद्धा गर्ज गर्ज जा रहे।
प्रताप कौशल नाथ प्रबल श्री राम का गुण गा रहे।।
भार है सेना का इतना शेष न उठा पा रहे।
हो के मोहित पीठ कच्छप दांतों से जो दबा रहे।।
प्रस्थान सेना जान रघुपति छवि परम जो सुहावनी।
जैसे दांत कश्यप पीठ पर लिखें कथा ये महापावनी।।

दोहा 35

सेना संग कृपानिधि, सागर के तट आये।
हैं प्रसन्न सब वानर, जहाँ तहँ फल खाये।।

उधर   निशचरों   को   भय   भारी।
जबसे   कपि   ने   लंका   जारी।।
घर-घर   सब   करते   हैं   विचारा।
नहीं   हमारा   कोई   सहारा।।
द्रूत   का   बल   जो   सहा   नहीं   जाए।
भला   ना   होगा   उनके   आये।।
बातें   ये   द्रूतों   ने   सुनाई।
मंदोदरी   बेहद   अकुलाई।।
पति   पांव   एकांत   में   लगकर।
बोली   फिर   नीति   समझाकर।।
हरी   विरोध   प्रिय   छोड़   दीजे।
हितकारी   हिय   वचन   को   लीजे।।

सुमिरो   जिनके   दूतकी   करनी।
सर्व   गर्भ   रजनीचर   गिरनी।।
सिया   उनकी   वापिस   भिजवाओ।
हमरी   यदि   भलाई   चाहो।।
कुल   कमल   सीता   दुखदायी।
शीत   लहर   दुःख   देने   आयी।।
क्रोध   करेंगे   शिव   ब्रह्मा   भारी।
वापस   करो   न   जो   जनक   दुलारी।।

दोहा 36

निशचर मेंढक सम तो, रामबाण है सर्प समान।
निगल ना जाये ये कहीं, छोड़ो सब अभिमान।।

सुनी   जो   रावण   ने   ये   बाणी।
बिहसा   जगत   महा   अभिमानी।।
स्त्री   स्वभाव   वीरता   परे।
मंगल   में   देखो   भय   करे।।
वानर   यदि   सेना   ले   आयें।
राक्षस   तभी   पेट   भर   खाएं।।
जिससे   कांपे   देव   साहसी।
भार्या   डरे,   आवे   मुझे   हसी।।
हंसकर   टाल   हृदय   जो   लगाया।
ममता   दिखा   सभा   में   आया।।
मंदोदरी   चिंता   कर   जागे।
प्रतिकूल   विधाता   पति   के   लागे।।
सभा   में   ये   सब   बात   सुनाई।
वानर   सेना   रसिंधु-तट   आई।।

पूछा   सचिव   उपाय   दीजै।
हंस   सब   कहें   कछु   ना   कीजै।।
जीते   देव   मेहनत   ना   कोई।
वानर   नर   गिनती   में   ना   होई।।

दोहा 37

मंत्री वैध गुरु यदि स्तुति, भय लालच वश गाये।
राज धर्म शरीर का, निश्चित नाश हो जाए।।

रावण   का   यही   वो   संयोग।
स्तुति   गायें   सब   लें   सुख   भोग।।
अवसर   जान   विभीषण   आया।
भ्राता   चरनन   शीश   नवाया।।
बैठा   आसान   शीश   नवाकर।
बोला   वचन   आज्ञा   को   पाकर।।
पूछी   मुझसे   कृपाल   बात।
हितकारी   बुद्धि   कहूं   तात।।
जो   अपना   चाहे   कल्याणा।
बुद्धि   सुंदरता   यश   पाना।।
वो   परनारी   ऐसे   त्यागे।
जैसे   चौथ   के   चाँद   से   भागे।।
चौदह   भवन   स्वामी   हो   जाए।
ऐसा   पाप   कहीं   ठहर   ना   पाए।।
गुणसागर   जो   लोभी   हो   जाये।
लोभ   कारण   कुछ   भला   न   पाये।।

दोहा 38

काम क्रोध मद लोभ सब, नाथ नरक के पंथ।
छोड़ के, भजो रघुवीर को, भजें देव और संत।।

राम	न	मानुष	राजा	नामी।
तीनों	लोक	काल	के	स्वामी।।
धर्म	वैराग्य	ज्ञानी		भगवंत।
अजय	निरामय	अनादि		अनंत।।
ब्राह्मण	धरा,	देव		हितकारी।
कृपासिंधु	मानुष	तन		धारी।।
खल	नाश	करें		आनंदकारी।
धर्म	रक्षा	करें	प्रभु	भयहारी।।
वैर	त्याग	नवाइये		माथा।
शरणागत	दुख	हरें		रघुनाथा।।
नाथ	प्रभु	दीजो		वैदेही।
भजो	श्रीराम	जो	परम	स्नेही।।
शरणागत	वो	कभी	न	त्यागे।
जगतद्रोह	चाहे	पाप	हो	लागे।।
जिनका	नाम	सब	पाप	मिटाये।
रावण	वो	नर	रूप	हैं	आये।।

दोहा 39 (क)

चरण बार-बार लागू विनय करूँ दस शीश।
मान मोह को त्याग कर, भजो कोशलादीश।।

दोहा 39 (ख)

मुनि पुलस्ति ने शिष्य से, कही सकल ये बात।
अभी सुअवसर पा के, कही है मैंने तात।।

माल्यवंत　　　इक　　　मंत्री　　　सयाना।
सुनकर　　अति　सुख　उसने　　माना।।
अनुज　　की　नीति　ठीक　है　भूषण।
लीजिये　　हृदय　　वचन　　विभीषण।।
दोनों　　शत्रु　　की　　करत　　बड़ाई।
मूर्ख　हैं　सभा　से　देयो　भगायी।।
माल्यवंत　　लौटा　　घर　　को　　जबही।
विनय　　करे　　विभीषण　　तबही।।
नाथ　वेद　पुराण　हैं　कहते।
सुबुद्धि　कुबुद्धि　हर　मन　में　रहते।।
सुबुद्धि　　जहाँ　　वहां　　संपत्ति।
कुबुद्धि　　जहाँ　　वहां　　विपत्ति।।
हृदय　　आपके　　बुद्धि　　विपरीत।
हित　अहित　सखा,　शत्रु　प्रतीत।।
निशाचर　कुल　काल,　रात्रि　बन　आयी।
क्यों　सीता　से　प्रीती　बढ़ायी।।

दोहा　40

चरण पकड़ मैं माँगूँ रखो अब मेरा दुलार।
सीता दीजो राम को, अहित न होगा तुम्हार।।

वेद　　पुराण　　सम्मानित　　वाणी।
कही　　विभीषण　　नीति　　बखानी।।
क्रोधित　　हुआ　　विभीषण　　भाई।
दुष्ट　तेरी　अब　मृत्यु　है　आई।।
सदा　जिया　मेरा　अन्न　खाये।
पक्ष　तुझे　शत्रु　का　भाये।।

कौन है प्राणी ऐसा जग में।
किया न जिसको अपने वश में।।
तू तपसी, पर रखे प्रीती।
मिलकर उसे समझा ये नीति।।
कहकर रावण लात से मारा।
पड़े चरण पर बारम-बारा।।
उमा संत की यही तो बड़ाई।
करे बुरा तो भी, करे भलाई।।
पिता समान भले मुझे मारा।
राम भजन में हित है तुम्हारा।।
चले गगन पथमंत्री बुलाकर।
कहने लगे फिर सबको सुनाकर।।

दोहा 41

राम सत्य संकल्प प्रभु, सभा काल वश तेरी।
जाऊं मैं रघुपति शरण, कोई भूल न मेरी।।

चले विभीषण कहकर ज्यों ही।
आयुहीन भय राक्षस त्यों ही।।
संत अपमान फल तुरत भवानी।
करे सम्पूर्ण कल्याण की हानि।।
रावण जभी विभीषण त्यागा।
ऐश्वर्य हीन हुआ अभागा।।
हर्षित चला प्रभु के पास।
मन में प्रेम, अनेक है आस।।
पाऊं दर्श चरण जलजाता।
अरुण मृदुल सेवक सुखदाता।।

जिनके   चरण   तरी   ऋषि   नारी।
दण्डक   वन   किया   पावन   कारी।।
चरण   जो   जनकसुता   हिय   लाये।
कपट   मृग   संग   भूमि   दौड़ाये।।
शिव   भी   हृदय   समाये   जिनको।
अहोभाग्य   मैं   देखूं   उनको।।

दोहा 42

जिन पायन की पादुका, भरत रखे मन लाए।
उन पायन के दर्शन पा, धन्य नैन हो जाए।।

ऐसे   प्रेम   से   करके   विचार।
शीघ्र   पहुँच   गया,   सागर   पार।।
वानर   देखा   विभीषण   आए।
सोचें   राक्षस   दूत   पठाये।।
ठहरा   उसे   वानर   तब   जाए।
दिया   संदेश   सुग्रीव   सुनाए।।
बोला   सुग्रीव   सुनो   रघुराई।
आया   मिलन   दशानन   भाई।।
पूछें   प्रभु   क्या   तुम्हरी   राय।
कहे   सुग्रीव   न,   जाने   क्यों   आये।।
जान   सकें   कहाँ   राक्षस   माया।
इच्छाधारी   क्यों   जाने   आया।।
भेद   लेने   आया   सिंधु   पार।
बांध   के   डालो   कारागार।।
कहे   राम,   नीति   सुविचारी।
प्रण   मेरा   आश्रित   भयहारी।।

सुन प्रभु वचन हर्ष हनुमंता।
शरणागत प्रेम दें भगवंता।।

दोहा 43

जो शरणागत को त्याग दे, हित अनहित को देख।
मुख हो उसका पापमय, दोष भी लगे अनेक।।

ब्रह्म कोटि हत्या कर पापी।
शरण आए होये बड़भागी।।
कोटि ब्रह्म वध पाप है जाको।
शरण आये नहीं त्यागूँ ताको।।
सनमुख जीव मेरे जो आये।
पाप जन्मों के नाश कराये।।
सरल स्वभाव पापी को आता।
उसे भजन मेरा नहीं भाता।।
यदि दुष्ट मन वाला होता।
सनमुख कहाँ खड़ा ये होता।।
निर्मल मन सोही मुझे पाए।
मुझे कपट और छल नहीं भाये।।
भेद लेने भेजा दससीसा।
तब भी हानि नहीं कपीसा।।
राक्षस जग में जितने भारी।
क्षण में लक्ष्मण दें उन्हें मारी।।
आया शरण जो हो भयभीत।
करूँ मैं प्राण रक्षा सप्रीत।।

दोहा 44

मिलना उससे ठीक है, हस कहें कृपानिकेत।
जय श्रीराम कह कपि चले, अंगद हनु समेत।।

सादर	लाये	विभीषण	वानर।
चले	जहाँ	बैठे	करुणाकर।।
दूर	से	ही देखे दो	भ्राता।
नैन	आनंद	दान के	दाता।।
शोभा	धाम	देखे जो	राम।
देखते	हुआ	समय	विराम।।
कमल	नयन	विशाल हैं	भुजाएं।
सांवल	तन	मन भय को	भगाएं।।
कंधे	सुडौल	छाती है	शोभित।
अगण्य	काम	को कर दे	मोहित।।
नैनो	नीर	पुलकित है	शरीर।
बोले	विभीषण	हे	रघुबीर।।
नाथ	दशानन	का मैं	भ्राता।
निशचर	वंश	जन्म सुर	त्राता।।
पापी	स्वभाव	है तामस	देह।
जैसे	अंधकार,	उल्लू को	स्नेह।।

दोहा 45

श्रवण सुजस सुन आया, करें प्रभु भय नास।
महिमा तुम्हरी जान के, शरण में आया दस।।

ये	कह	करत	दंडवत	देखा।
उठे	प्रभु	तब	हर्ष	विशेषा।।

दीन   वचन   प्रभु   मन   को   भाए।
भुजा   विशाल   से   हृदय   लगाए।।
अनुज   सहित   मिल   साथ   बैठाये।
बोले   वचन   जो   भय   दें   भगाये।।
कहो   लंकेश   कुशल   परिवार।
बुरी   जगह   है   वास   तुम्हार।।
मण्डली   दुष्ट   बसो   दिन   राति।
धर्म   निभाते   सखा   किस   भांति।।
मैं   जानूँ   तुम्हारी   सब   रीति।
नीति   निपुण   न   सुहाव   अनीति।।
नरक   चाहे   दे   विधाता   निवास।
दुष्ट   संग   दे   कभी   न   वास।।
दर्श   चरण   रघुबीर   कराई।
सेवक   दया   कृपालु   दिखाई।।

दोहा 46

जीव तब तक न है कुशल, हो ना मन ये शांत।
जो न छोड़ विषय वासना, भजे वो कमला कांत।।

मन   में   तब   तक   बसें   हमेशा।
लोभ   मोह   अभिमान   कलेशा।।
जब   तक   हृदय   न,   बसे   रघुनाथा।
तरकश   कमर   धनुष   हो   हाथा।।
ममता   रात्रि   पूर्ण   अंधियारी।
उल्लू   को   लगें   द्वेष   सुखकारी।।
मन   जो   बसें   सब   अवगुण   तब   तक।
प्रभु   नाम   सूर्य,   उदय   न   जब   तक।।

अब हूँ कुशल जो दर्शन पाए।
मन से सब भय भेद मिटाये।।
तुम्हरी कृपा जिसपर अनुकूल।
शूल भी लगे उसको तो फूल।।
राक्षस वंश नीचता भाए।
शुभ आचरण किया न जाए।।
जिनका रूप ध्यान न आये।
हर्षित हूँ वो, हृदय लगाए।।

दोहा 47

है सौभाग्य मेरा प्रभु, परम कृपालु राम।
चरण जो सेवित ब्रह्म शिव, दर्शन मिले सुख धाम।।

सब स्वभाव मेरा ये मानें।
शिव भुसुंडि गौरी जिसे जानें।।
जो नर यदि चराचर द्रोही।
आये भयभीत शरण वो मोहि।।
मोह कपट छल त्यागे ऐसे।
उसको करूँ संत कोई जैसे।।
माता पिता बंधु रिश्तेदार।
तन मन धन पूरा परिवार।।
सबकी जो ममता है बटोरी।
बांधे चरण बनाकर डोरी।।
हो समदर्शी इच्छा न बाकी।
हर्ष न शोक न भय मन झाकी।।
वो सज्जन मेरे, जिय बसे ऐसे।
लोभी हृदय बसे धन जैसे।।

मैं तुम संतों कारण आता।
धरूँ देह नहीं दूसरी बाता।।

दोहा 48

सगुन उपासक जो हो, परहित नीति निभाय।।
ब्राह्मण प्रेम करे जो, मेरे प्राण के सम हो जाए।।

गुण लंकेश हैं ये सब तेरे।
तभी तो अति प्रिय तुम हो मेरे।।
सुनकर वचन ये सब हर्षाये।
जय हो कृपा निधान धुन गाये।।
सुनी विभीषण प्रभु की बानी।
हृदय समाये वो अमृत जानी।।
चरण पकड़े वो बारम बार।
हृदय समाए प्रेम अपार।।
सुनो ऐ देव चराचर स्वामी।
प्रणत पाल हे अंतर्यामी।।
हृदय वासना जो कुछ रही।
प्रभु प्रीत में सब कछु बही।।
भक्ति पावन अपनी दीजो।
शिव-गौरी मन सदा रहे जो।।
एवमस्तु कहें प्रभु रणधीर।
तुरंत मंगाया सागर नीर।।
यद्यपि अभी नहीं मन तेरा।
दर्श अमोघ सदा है मेरा।।
कहकर राज तिलक जो लगाए।
गगन से पुष्प देव बरसाए।।

दोहा 49 (क)

जला रहा विभीषण को, रावण क्रोध प्रचंड।
हर लिया भय सारा, प्रभु दिया राज अखंड।।

दोहा 49 (ख)

रावण शीश की बलि दे, जो संपत्ति शिव से पायी।
वो ही संपत्ति विभीषण को, सकुच दिए रघुराई।।

छोड़	कृपालु	राक्षस	को	भजे	जो।
पूँछ	सींग	बिन	पशु	लगे	वो।।
भक्त	विभीषण		प्रभु		अपनाया।
यह	स्वभाव	वानर	कुल		भाया।।
पुनः	सर्वज्ञ	सब	हृदय	के	वासी।
सर्वरूप		सब		रहित	उदासी।।
दुष्ट	संहार	लिया	नर		रूप।
बोले		वचन	सुनीति		स्वरूप।।
सुनो	कपीश		लंकापति		वीरा।
कैसे		लांघें	सिंधु		गंभीरा।।
विविध	सांप	मछली		की	जात।
सिंधु	अथाह	लांघें	किस		भांत।।
लंकेश		कहे		सुनो	रणधीर।
सिंधु	लाखों	सोखे	इक		तीर।।
नीति	परन्तु	ये		कही	सुनाई।
सिंधु	विनय	पहले		की	जाई।।

दोहा 50

समुद्र हैं आपके कुलगुरु, बताएं उपाय विचार।
बिन प्रयास के वानर, भालू रीछ जाएँ पार।।

सखा   सुन्दर   ये   दिया   उपाय।
देव   सहाय   हों   यही   किया   जाये।।
लखन   को   ये   उपाय   नहीं   भाया।
राम   वचन   सुन   अति   दुःख   पाया।।
बोले   देवों   का   क्या   भरोसा।
सोखो   सिंधु   करो   मन   रोषा।।
कायर   धीरज   देव   आधार।
करते   आलसी   ऐसी   पुकार।।
हंसकर   बोले   तब   रघुबीर।
करूँगा   ऐसा   ही   धरो   मन   धीर।।
प्रभु   ये   कह   अनुज   समुझाई।
सिंधु   समीप   गए   रघुराई।।
किया   प्रणाम   जो   शीश   निवाए।
फिर   तट   बैठे   कुशा   बिछाए।।
प्रभु   पास   जो   विभीषण   आए।
पीछे   रावण   द्रूत   भिजवाए।।

दोहा 51

लीला देखी उन्होंने, जो धर आए वानर देह।
प्रभु को सब सराह रहे, जो रखें शरणागत पर नेह।।

प्रभु   स्वभाव   की   करी   बड़ाई।
भूल   गए   वेश   जो   बदला   भाई।।
रावण   द्रूत   पहचान   में   आये।
सन्मुख   सुग्रीव   के,   बांध   के   लाये।।
कहे   सुग्रीव   सुनो   सब   वानर।
अंग भंग भेजो सब निशचंर।।

सुने वचन तब वानर भागे।
द्रूत को सब मारन लागे।।
कपि जो बहुत प्रकार से मारें।
दुःखी हो रो-रो के पुकारें।।
काटे नाक और कान जो कोई।
शपथ कृपानिधान की होई।।
सुनकर लक्ष्मण निकट बुलाए।
करके दया निशचर छुड़ाए।।
रावण को सन्देश ये दीजो।
पत्र ये मेरा तुम पढ़ लीजो।।

दोहा 52

मूर्ख को जाकर देदो, मम सन्देश उदार।
सीता दो श्रीराम को, नहींतो आया काल तुम्हार।।

लखन को तुरत नवाये माथा।
करात चले श्रीराम गन गाथा।।
कहते राम यश लंका आये।
रावण चरण में शीश निवाये।।
हंस दशानन पूछी बाता।
क्यों नहीं कोई मुझे बतलाता।।
बात सुनाओ विभीषण बारे।
खड़ा है अब जो मृत्यु किनारे।।
लंका राज मूर्ख है त्यागा।
बन गया वो कीट अभागा।।
कहो हाल वो भालू वानर।
प्रेरित काल जो यहाँ पर।।
जिनके जीवन का रखवारा।

बना   कोमल   चित   सिंधु   बेचारा।।
कहो   बात   फिर   तपस्वियों   बारे।
जिनके   मन   भरे   भय   से   हमारे।।

दोहा 53

शुक क्या तेरी भेंट हुई, या भागे सुन यश मेरा।
बताता शत्रु बल नहीं, लगे चकित चित तेरा।।

नाथ   कृपा   कर   पूछा   जैसे।
क्रोध   त्याग   कहा   मानिये   वैसे।।
अनुज   मिला   श्रीराम   से   जाकर।
राज   तिलक   वो   किये   वहां   पर।।
हम   हैं   रावण   दूत   जब   जाना।
बांध   कपि   ने   दिए   दुःख   नाना।।
कान   नासिका   काटन   लागे।
राम   शपथ   दी   तो   हमें   त्यागे।।
नाथ   राम   सेना   के   बारे।
शतमुख   वर्णन   कर   नहीं   पा   रहे।।
भालू   रीछ   वानरों   के   दल।
मुख   भयंकर   तन   विशाल   है   बल।।

दोहा 54

द्विबिद मयंद नील नल, अंगद गद बिकटास्।
दधिमुख केसरी निष्ठ शठ, जामवंत बल साथ।।

कपि   ये   सब   सुग्रीव   समाना।
कितने   करोड़   गिना   नहीं   जाना।।
राम   कृपा   अतुलित   बल   पाएं।

तीनों लोक तुच्छ समझाएं।।
मैंने सुना ये है दसकंधर।
पद्म अठारह सेनापति बंदर।।
नहीं कोई ऐसा कपि सेना में।
जो ना जीत सके इस रण में।।
भरे क्रोध से पीसें हाथ।
आज्ञा नहीं दे रहे रघुनाथ।।
सुखा सकते हैं सिंधु अपार।
नहीं कोई डूबेगा मझधार।।
मसल रावण को मिलाएं धूरी।
ऐसे वचन कहे सेना पूरी।।
निडर हो सब यूँ हैं गरजते।
जैसे सब लंका को निगलते।।

दोहा 55

सहज शूरवीर वो सेना, उस पर प्रभु श्री राम।
जीत वो नाथ सकते हैं, कोटि-कोटि संग्राम।।

लाखों शेष ना मुख गा पाएं।
ऐसी बल बुद्धि श्री राम पाएं।।
इक बाण लाखों सिंधु सुखाए।
नीति निपुण पूछें भ्राता उपाय।।
सुनके वचन गए सागर पास।
मार्ग माँगा रख विश्वास।।

सुनकर यह तो हंसा दससीसा।
ऐसी बुद्धि तभी सेना कपीसा।।

सचिव विभीषण कायर सहाई।
समुद्र से तभी हठ करे रघुराई।।
क्यों करता तू झूठी बढ़ाई।
शत्रु की बल-बुद्धि थाह मैं पायी।।
विभीषण जैसा मंत्री जिसका।
विजय तिलक हो कहाँ fir उसका।।
खीज गया सुन वचन दूत भी।
निकाल पत्रिका रावण को दी।।
रामानुज ने दी ये पाती।
पढ़कर कीजिये ठंडी छाती।।
हंसकर रावण बाएं हाथ ली।
मंत्री बुला उससे पढ़वा ली।।

दोहा 56 (क)

बातों से रिझा मन मूर्ख क्यों, करता कुल का नास।
राम विरोध कर ना बचे, चाहे जा ब्रह्मा शिव पास।।

दोहा 56 (ख)

छोड़ अभिमान अनुज जैसे, शरण जा बन भृंग।
अथवा रामबाण अग्नि में, जल तू जैसे पतंग।।

मन भयभीत पर मुख मुसकाई।
कहे दशानन सबको सुनाई।।
भूमि खड़ा आकाश पकड़ता।
व्यर्थ की बात छोटा तपस्वी करता।।

कहे शुक नाथ सत्य ये वानी।
समझो छोड़ स्वभाव अभिमानी।।

नाथ वचन सुनो छोड़ कर क्रोध।
करिये ना श्रीराम विरोध।।
सब लोकों पर राज हैं करते।
फिर भी स्वभाव कोमल प्रभु रखते।।
मिलते hi कृपा राम करेंगे।
दोष ना हृदय कोई धरेंगे।।
जनकसुता रघुनाथ को दीजो।
इतना कहा मेरे प्रभु कीजो।।
वैदेही देने कही जो बात।
रावण तब मारी है लात।।
सर को निवा वो चला वहाँ।
कृपा सिंधु रघुनायक जहाँ।।
किया प्रणाम फिर कथा सुनाई।
राम कृपा अपनी गति पायी।।
ऋषि अगस्त्य की श्राप भवानी।
हुआ राक्षस था मुनि ऋषि ज्ञानी।।
चरण वंदन करे बारम बार।
मुनि आश्रम फिर गया पधार।।

दोहा 57

विनय न माने सागर, गए तीन दिन बीत।
बोले राम क्रोधित तब, भय बिन होये न प्रीत।।

लाओ लखन धनुष अग्नि बाण।
सोख समुद्र हरूँ इसके प्राण।।

मूर्ख   से   विनय   कंजूस   से   प्रीती।
और   कुटिल   से   की   गयी   नीति।।
ममता   फंसे   को   ज्ञान   कहानी।
लोभी   को   वैराग्य   बखानी।।
क्रोधी   कामी   से   हरि   कथा।
बंजर   बीज   बोये   फल   व्यथा।।
कह   रघुपति   तब   चाप   चढ़ाया।
उपाय   ये   लक्ष्मण   मन   भाया।।
अग्नि   बाण   संधान   कर   डाला।
समुद्र   हिय   उठी   तब   अग्नि   ज्वाला।।
मगर   सांप   मछली   अकुलाई।
जलते   ये   सागर   को   दी   दिखाई।।
सोने   थाल   में   रतन   वो   लाया।
छोड़   घमंड   विप्र   रूप   में   आया।।

दोहा 58

केला न फले बिन कटे, सैकड़ों बार लो सींच।
विनय से ना माने तो, डांटना पड़े है नीच।।

भयभीत   पड़ूँ   चरण   मैं   तेरे।
नाथ   क्षमा   करो   अवगुण   मेरे।।
पृथ्वी   वायु   जल   अग्नि   आकाश।
सभी   में   जड़   स्वभाव   का   वास।।
तव   प्रेरणा   माया   उपजाए।
सृष्टि   हित   सब   ग्रन्थ   बताए।।
प्रभु   आज्ञा   जैसी   हो   जाए।
वैसे   रहे   तो   ही   सुख   पाए।।

भला   किया   प्रभु   शिक्षा   दी   है।
मर्यादा   भी   तुम्हरी   ही   है।।
ढोल   गंवार   शूद्र   पशु   नारी।
सभी   शिक्षा   के   अधिकारी।।
प्रभु   प्रताप   से   सूख   जो   जाऊं।
पार   तो   जाओ   मैं   कछु   ना   पाऊं।।
तुम्हरी   आज्ञा   अटल   वेद   ये   गाये।
करूँ   वही   जो   प्रभु   को   भाये।।

दोहा 59

सुने जो विनीत वचन, तो प्रभु जी मुस्काये।
जिस विधि सेना पार हो, तुरत कहो वो उपाय।।

नील   नल   कपि   दो   भाई।
बचपन   में   ऋषि   आशीष   पायी।।
उनके   छुए   पर्वत   भी   भारे।
तर   जाए   परताप   तुम्हारे।।
मैं   धर   हृदय   प्रभु   प्रभुताई।
अपनी   क्षमता   बनूँ   सहाई।।
बांधें   समुद्र   इस   विधि   नाथा।
तीनों   लोक   गायें   यश   गाथा।।
उत्तर   तट   वासी   इक   बान।
मनुष्य   हरो   जो   पाप   की   खान।।
सुन   कृपालु   सागर   मन   पीड़ा।
तुरंत   हर   लिए   राम   रणधीरा।।
देख   राम   बल   पौरुष   भारी।
हर्षित   सागर   हुआ   सुखारी।।

दुष्ट चरित्र प्रभु को सुनाया।
चरण वंदन कर लौट के आया।।

छंद:

घर गया समुद्र सुझाव उसका राम के मन भा गया।
ये पाप नाशक रामचरित्र दास (तुलसी) गा गया।।
सुख कारी संशय हारी विषाद नाशक के गुण गाओ।
आशा भरोसा मूर्ख मन जग से नहीं प्रभु से लगाओ।।
भव पार तुमको जो ले जाए सदा इनका गुण गाना।
हर पल निरंतर याद करना भजन सुनना व् सुनाना।।

दोहा 60 (क)
संपूर्णतः सुमंगल दायक है, रघुनायक गुण गान।
सादर सुने पढ़ें जो, तर जाए बिना जलजान।।

दोहा 60 (ख)
कृपामयी करुणानिधि, दया के हो भंडार।
पाठ ये पढ़ें सुने जो, प्रभु मंगल करो अपार।।

****

कलियुग के समस्त पापों का नाश करने वाले श्रीरामचरितमानस का सरल भाषा
बनाकर लिखा यह पाँचवाँ अध्याय समाप्त हुआ।।
******** सुन्दरकाण्ड समाप्त ********

|| श्री हनुमान चालीसा ||

दोहा

श्रीगुरु चरन सरोज रज, निज मन मुकुरु सुधारि।
बरनउं रघुबर बिमल जसु, जो दायक फल चारि।।
बुद्धिहीन तनु जानिके, सुमिरौं पवन-कुमार।
बल बुधि विद्या देहु मोहिं, हरहु कलेस विकार।।

जय हनुमान ज्ञान गुन सागर। जय कपीस तिहुं लोक उजागर।।
राम दूत अतुलित बल धामा। अंजनि-पुत्र पवनसुत नामा।।
महावीर बिक्रम बजरंगी। कुमति निवार सुमति के संगी।।
कंचन बरन बिराज सुबेसा। कानन कुण्डल कुँचित केसा।।
हाथ बज्र औ ध्वजा बिराजे। कांधे मूंज जनेउ साजे।।
शंकर सुवन केसरी नंदन। तेज प्रताप महा जग वंदन।।
विद्यावान गुनी अति चातुर। राम काज करिबे को आतुर।।
प्रभु चरित्र सुनिबे को रसिया। राम लखन सीता मन बसिया।।
सूक्ष्म रूप धरि सियहिं दिखावा। बिकट रूप धरि लंक जरावा।।
भीम रूप धरि असुर संहारे। रामचन्द्र के काज संवारे।।
लाय सजीवन लखन जियाये। श्री रघुबीर हरषि उर लाये।।
रघुपति कीन्ही बहुत बड़ाई। तुम मम प्रिय भरतहि सम भाई।।
सहस बदन तुम्हरो जस गावैं। अस कहि श्रीपति कण्ठ लगावैं।।
सनकादिक ब्रह्मादि मुनीसा। नारद सारद सहित अहीसा।।
जम कुबेर दिगपाल जहां ते। कबि कोबिद कहि सके कहां ते।।
तुम उपकार सुग्रीवहिं कीन्हा। राम मिलाय राज पद दीन्हा।।
तुम्हरो मंत्र बिभीषन माना। लंकेश्वर भए सब जग जाना।।
जुग सहस्र जोजन पर भानु। लील्यो ताहि मधुर फल जानू।।
प्रभु मुद्रिका मेलि मुख माहीं। जलधि लांघि गये अचरज नाहीं।।
दुर्गम काज जगत के जेते। सुगम अनुग्रह तुम्हरे तेते।।
राम दुआरे तुम रखवारे। होत न आज्ञा बिनु पैसारे।।
सब सुख लहै तुम्हारी सरना। तुम रच्छक काहू को डर ना।।

आपन तेज सम्हारो आपै। तीनों लोक हांक तें कांपै।।
भूत पिसाच निकट नहिं आवै। महाबीर जब नाम सुनावै।।
नासै रोग हरे सब पीरा। जपत निरन्तर हनुमत बीरा।।
संकट तें हनुमान छुड़ावै। मन क्रम बचन ध्यान जो लावै।।
सब पर राम तपस्वी राजा। तिन के काज सकल तुम साजा।।
और मनोरथ जो कोई लावै। सोई अमित जीवन फल पावै।।
चारों जुग परताप तुम्हारा। है परसिद्ध जगत उजियारा।।
साधु संत के तुम रखवारे। असुर निकन्दन राम दुलारे।।
अष्टसिद्धि नव निधि के दाता। अस बर दीन जानकी माता।।
राम रसायन तुम्हरे पासा। सदा रहो रघुपति के दासा।।
तुम्हरे भजन राम को पावै। जनम-जनम के दुख बिसरावै।।
अंत काल रघुबर पुर जाई। जहां जन्म हरिभक्त कहाई।।
और देवता चित्त न धरई। हनुमत सेइ सर्ब सुख करई।।
संकट कटै मिटै सब पीरा। जो सुमिरै हनुमत बलबीरा।।
जय-जय-जय हनुमान गोसाईं। कृपा करहु गुरुदेव की नाईं।।
जो सत बार पाठ कर कोई। छूटहि बन्दि महा सुख होई।।
जो यह पढ़ै हनुमान चालीसा। होय सिद्धि साखी गौरीसा।।
तुलसीदास सदा हरि चेरा। कीजै नाथ हृदय महं डेरा।।

दोहा

पवनतनय संकट हरन, मंगल मूरति रूप।
राम लखन सीता सहित, हृदय बसहु सुर भूप।।

****

।। श्री रामायण आरती ।।

आरती श्री रामायणजी की। कीरति कलित ललित सिय पी की।।

गावत ब्रहमादिक मुनि नारद। बाल्मीकि बिग्यान बिसारद।।
शुक सनकादिक शेष अरु शारद। बरनि पवनसुत कीरति नीकी।।

आरती श्री रामायणजी की।

गावत बेद पुरान अष्टदस। छओं शास्त्र सब ग्रंथन को रस।।
मुनि जन धन संतान को सरबस। सार अंश सम्मत सब ही की।।

आरती श्री रामायणजी की।

गावत संतत शंभु भवानी। अरु घटसंभव मुनि बिग्यानी।।
ब्यास आदि कबिबर्ज बखानी। कागभुशुंडि गरुड़ के ही की।।

आरती श्री रामायणजी की।

कलिमल हरनि बिषय रस फीकी। सुभग सिंगार मुक्ति जुबती की।।
दलनि रोग भव मूरि अमी की। तात मातु सब बिधि तुलसी की।।

आरती श्री रामायणजी की।

आरती श्री रामायणजी की। कीरति कलित ललित सिय पी की।।

आरती श्री रामायणजी की।

****

।। श्री राम स्तुति ।।

श्री रामचन्द्र कृपालु भजुमन हरण भवभय दारुणं।
नव कंज लोचन कंज मुख कर कंज पद कंजारुणं॥
कन्दर्प अगणित अमित छवि नव नील नीरद सुन्दरं।
पटपीत मानहुँ तडित रुचि शुचि नौमि जनक सुतावरं॥
भजु दीनबन्धु दिनेश दानव दैत्य वंश निकन्दनं।
रघुनन्द आनन्द कन्द कोशल चन्द दशरथ नन्दनं॥
शिर मुकुट कुंडल तिलक चारु उदारु अङ्ग विभूषणं।
आजानु भुज शर चाप धर संग्राम जित खरदूषणं॥
इति वदति तुलसीदास शंकर शेष मुनि मन रंजनं।
मम् हृदय कंज निवास कुरु कामादि खलदल गंजनं॥
मन जाहि राच्यो मिलहि सो वर सहज सुन्दर सांवरो।
करुणा निधान सुजान शील स्नेह जानत रावरो॥
एहि भांति गौरी असीस सुन सिय सहित हिय हरषित अली।
तुलसी भवानिहि पूजी पुनि-पुनि मुदित मन मन्दिर चली॥

जानि गौरी अनुकूल, सिय हिय हरषु न जाइ कहि।
मंजुल मंगल मूल, वाम अङ्ग फरकन लगे।।

****

।। आरती हनुमान लला की ।।

आरती कीजै हनुमान लला की। दुष्ट दलन रघुनाथ कला की॥

जाके बल से गिरवर काँपे। रोग-दोष जाके निकट न झाँके॥

अंजनि पुत्र महा बलदाई। संतन के प्रभु सदा सहाई॥

दे वीरा रघुनाथ पठाए। लंका जारि सिया सुधि लाये॥

लंका सो कोट समुद्र सी खाई। जात पवनसुत बार न लाई॥

लंका जारि असुर संहारे। सियाराम जी के काज सँवारे॥

लक्ष्मण मुर्छित पड़े सकारे। लाये संजिवन प्राण उबारे॥

पैठि पताल तोरि जमकारे। अहिरावण की भुजा उखारे॥

बाईं भुजा असुर दल मारे। दाहिने भुजा संतजन तारे॥

सुर-नर-मुनि जन आरती उतरें। जय-जय-जय हनुमान उचारें॥

कंचन थार कपूर लौ छाई। आरती करत अंजना माई॥

जो हनुमानजी की आरती गावे। बसहिं बैकुंठ परम पद पावे॥

लंक विध्वंस किये रघुराई। तुलसीदास स्वामी कीर्ति गाई॥

आरती कीजै हनुमान लला की। दुष्ट दलन रघुनाथ कला की॥

****